Aufbruch ins Licht

Durch das Tal der Tränen ins Goldene Zeitalter

Petra Westendorf

Aufbruch ins Licht

Durch das Tal der Tränen ins Goldene Zeitalter

Bibliografische Information der Deutschen Nationalbibliothek:
Die Deutsche Nationalbibliothek verzeichnet diese Publikation in der
Deutschen Nationalbibliografie; detaillierte bibliografische Daten sind
im Internet über http://dnb.dnb abrufbar.

© 2025 Petra Westendorf

2. Auflage

Verlag: BoD · Books on Demand GmbH, Überseering 33,
22297 Hamburg, bod@bod.de
Druck: Libri Plureos GmbH, Friedensallee 273,
22763 Hamburg

ISBN: 978-3-7693-1690-2

*„This time is **the greatest show** in the universe."*

Dolores Cannon

INHALTSVERZEICHNIS

VORWORT 10

1. Zweifel, Träume und Visionen 12

Erinnere mich 13

Haben wir vergessen? 14

Zweifel 16

Stell dir vor 18

2. Drangsal 21

Während du schliefst 22

Alles nichts genützt?! 25

Was hast DU getan?! 27

Die den Unterschied machen 28

Das Kuckucksnest 31

Das Kuckucksnest 2.0 32

Gib jetzt nicht auf   (für Paul) 34

Was vom Tage übrig blieb 38

Wir wissen, was IHR die letzten Sommer getan habt! ... 39

Hinter dem Vorhang 41

3. Aufbruch ins Licht 42

Die Erwachten 43

Die Welt ist nicht genug 45

7

Die magische Stunde 46

4. Mythen, Märchen und Prophezeiungen 47

Als der Teufel nach Georgia kam 48

Schlacht um Midgard 49

Snow White 51

Singvögel und Schlangen 53

Die Macht ist mit dir - immer 56

Der Staatsfeind Nr. 1 57

Exodus 60

Die Rückkehr des Königs 61

5. Jahreszeiten und Zeiten des Lebens 62

Als ich ein Kind war 63

Hast du jemals den Regen gespürt? 65

In der Straße, in der ich einst lebte 67

Herbstgeflüster 69

Irgendwann und irgendwo fällt der Schnee 71

6. Über die Liebe 74

Nach all den Jahren 75

Alles was du tust 77

7. Persönliche Transformation 78

Erwin '45 79

„Werner" oder „Der Sommer - als die Welt noch in Ordnung war" 82

Was mich deine Krankheit gelehrt hat 86

Ich sehe dich (Nachricht an meine Dualseele) 89

Ich weine nicht 90

Danksagung 92

Literaturempfehlungen der Autorin 94

VORWORT

Liebe Leserinnen und Leser,

wir leben seit 2020 in hochtransformativen Zeiten - gesamtgesellschaftlich und individuell.

Wie ich diese Zeit wahrgenommen habe und zu welchen Erkenntnissen ich gelangt bin, kann man aus den Gedichten und Kurzgeschichten in diesem Buch ableiten. Möglicherweise haben Sie das eine oder andere ähnlich erlebt und empfunden.

Im Kapitel „Persönliche Transformation" geht es um ein Ahnenthema, die Heilung des inneren Kindes und um die Begegnung mit der Dualseele.

Sie finden in diesem Buch ebenfalls Themen, die zu allen Zeiten interessant sind, z. B. über die Liebe.

Schon als Kind war ich der Meinung, dass ich als Erwachsene ein Buch schreiben würde. Ich war lange vom Weg abgekommen.

Ende 2020 bin ich aus dem Berufsleben ausgeschieden. Dann begann ich zu schreiben. Das Ergebnis liegt nun vor mit diesem Buch.

Ich wünsche Ihnen, dass Sie sich gut unterhalten und inspiriert fühlen beim Lesen.

Denken Sie daran: Es ist *fast* nie zu spät, seine Träume wahr werden zu lassen!

Berlin, Januar 2025

Petra Westendorf

1.
Zweifel, Träume und Visionen

Erinnere mich

Erinnere mich an die Melodie meines Herzens, weil ich sie vergessen habe.

Sie wurde begraben unter all den Konditionierungen und Dogmen in Elternhaus, Schule und Studieneinrichtungen. Die Kreativität und das Spielerische wurden erstickt von Faktenwissen und hohlen Phrasen, die keine Erfüllung bringen.

Das Anpassen und Mitschwimmen mit der Masse haben ihren Preis, nur tote Fische schwimmen mit dem Strom.

Es kann nicht darum gehen, lediglich zu ÜBERleben.

In jungen Jahren träumten wir noch.

Wann haben wir es aufgegeben, Fragen zu stellen und neugierig auf das Leben zu sein?

Erinnere mich, lieber Freund, an die Melodie meines Herzens, weil ich sie vergessen habe.

ES IST HÖCHSTE ZEIT!

Inspiriert von dem Spruch: „Ein Freund ist jemand, der die Melodie deines Herzens kennt und sie dir vorspielt, wenn du sie vergessen hast."

Haben wir vergessen?

Einst genossen wir Hochachtung in der Welt.

Die Deutschen im Allgemeinen sind pünktlich, strebsam und fleißig.

Sie bauen gute Autos hieß es.

Deutsche Wertarbeit galt noch was und deutsche Ingenieursleistungen waren angesehen.

Gut ausgebildete Fachkräfte wandern in Scharen aus und die Neubürger sind in aller Regel keine Atomphysiker und Ärzte.

Was glaubst du denn?

Die „kreative Zerstörung" laut Agenda 2030 ist gut fortgeschritten.

Deutschland schafft sich ab.

Die Klassiker wie Goethe, Schiller, Heine, Beethoven, Bach, Hegel und Kant sind heute noch angesehen, aber darüber hinaus?

Wo sind sie geblieben die Dichter und Denker?

Die einst in besseren Tagen vom Frieden sangen und als Rebellen auftraten sind verstummt oder stellen sich bei Kriegsgeschehen unreflektiert auf eine Seite, sind lediglich „Dienstleister" oder gar „Hofschranzen".

*Wir vergessen eure Lieder (oder was ihr sonst üblicherweise tut), aber wir vergessen **nicht** euer Schweigen!*

Trau keinem Promi ist ein guter Leitspruch.
Ja gewiss, es gibt Ausnahmen.
Und Pianist Arne Schmitt wird angeklagt, weil er das Lied „Freiheit" auf öffentlichen Plätzen spielt.
„Die Freiheit" sitzt auf der Anklagebank, nur wenige begreifen das.

Haben wir vergessen, dass wir das Land der Dichter und Denker sind?

Zweifel

Das erste Mal kam der große Zweifel ums Eck, da ging ich noch zur Schule.

Bei der Evolution vom Affen-Primaten zum Homo Sapiens musste etwas Wesentliches passiert sein. Die Erklärungen in den Schulbüchern erschienen mir nicht schlüssig.

Hmm, nichts Genaues weiß man.

Das Universum entstand durch den Urknall?

Wer oder was verursachte den Urknall?

Hmm, nichts Genaues weiß man.

Ist die Erde eine Kugel, oval oder eine Scheibe? Oder vielleicht doch hohl oder mit einem Kontinent mehr, wie manche behaupten?

Wusste Jules Verne mehr? War er ein *außergewöhnlicher Gentleman?* *

Hatte er Insider-Wissen, auf dessen Grundlage er seinen Roman „Reise zum Mittelpunkt der Erde" schrieb?

Hmm, nichts Genaues weiß man.

Warum wurde das Buch Henoch aus der Bibel verbannt?

Ist es nicht wahrscheinlicher, dass extraterrestrische Spezies die Erde besuchten, anstatt gefallener Engel oder Götter? Die Ureinwohner Amerikas hielten die Entdecker einst auch für Götter, dabei hatten sie nur unbekannte Technologien (z. B. Schusswaffen).

Aussagen der Prä-Astronauten und Sachbuchautoren wie Erich von Däniken und Peter von Liechtenstein ergeben mehr Sinn - nach meiner Meinung.

Gab es wirklich Dinosaurier?

War man tatsächlich auf dem Mond?

Sind die Pyramiden lediglich Grabmäler?

Ist Lady Diana möglicherweise einem Mordkomplott zum Opfer gefallen?

War „Nine Eleven" ein Inside-Job?

Warum verbannt man David Icke aus dem gesamten Schengenraum?

Kam er der Wahrheit gefährlich nah?

FRAGEN ÜBER FRAGEN.

---

* *Anspielung an den Film „Die Liga der außergewöhnlichen Gentlemen" von Stephen Norrington.*
Jules Verne erscheint im Film nicht selbst als Charakter, dafür eine seiner Romanfiguren (Kapitän Nemo).

Stell dir vor

STELL DIR VOR, die Menschen leben friedlich und liebevoll miteinander.
Es gibt keinen Hass und keinen Neid.

STELL DIR VOR, es gibt keine Kriege, keinen Mangel und keinen Hunger, weil die Ressourcen für alle reichen.

STELL DIR VOR, die politischen Führungspersönlichkeiten handeln im Sinne des Volkes.
Es gibt keinen Machtmissbrauch und keine Habgier.

STELL DIR VOR, es gibt Gesundheitshäuser, die in erster Linie der Vorbeugung und Gesunderhaltung dienen. Dadurch werden die Menschen eine höhere Lebenserwartung haben als bisher. Es wird keine Seniorenheime geben, da die Menschen bis ins hohe Alter gesund und fit bleiben.

STELL DIR VOR, es gibt Bildungseinrichtungen, die wirklich vermitteln, was man zum Leben braucht, zum Beispiel den Umgang mit Finanzen und wie man die Selbstheilungskräfte des Körpers aktiviert.

STELL DIR VOR, dass es keine Religionen gibt, da die Menschen erkennen, dass wir alle Teil des einen GOTT-Bewusstseins und damit alle miteinander verbunden sind.

Es braucht keine Institutionen die lehren, die universelle Intelligenz wäre außerhalb und getrennt von uns oder dass wir einen Vermittler zwischen uns und der Quelle benötigen würden, denn *das Königreich ist nicht von dieser Welt, sondern inwendig in uns.*

Geh bitte einen Moment in dich, atme mehrmals tief ein und aus, schaffe Raum und spüre die Präsenz.
Der einzige Moment, der wirklich existiert, ist JETZT.
Du bist Bewusstsein, das eine menschliche Erfahrung macht.

STELL DIR VOR, du besuchst deine Sternengeschwister auf deren Heimatplaneten und sie besuchen dich.

STELL DIR VOR, du kannst eines Tages teleportieren, wie Professor Dumbledore*.

Du sagst ich träume?
Mag sein, aber ICH BIN NICHT ALLEIN!

Inspiriert von John Lennons Song „Imagine".

* *Charakter Professor Albus Dumbledore aus den Harry-Potter-Filmen.*

2.
Drangsal

Während du schliefst

WÄHREND DU SCHLIEFST trafen sie sich heimlich, privat und steuerfinanziert, später offiziell in Davos unter Leitung von Klaus Schwab.

WÄHREND DU SCHLIEFST planten sie Jahrzehnte zuvor ihre Agenda im Auftrag der Kabale.

WÄHREND DU SCHLIEFST gab es Probeläufe, für jeden erkennbar, der sehen und hören wollte.

WÄHREND DU SCHLIEFST verdrehten sie die Wahrheit auf links, sprachen von Gesundheit und Sicherheit, meinten aber Kontrolle.

WÄHREND DU SCHLIEFST wurdest du über die Leitmedien manipuliert und bist der Propaganda erlegen.

WÄHREND DU SCHLIEFST spalteten sie die Gesellschaft, weil „teile und herrsche" schon im alten Rom funktioniert haben.

WÄHREND DU SCHLIEFST fand kein Diskurs mehr statt. Andersdenkende wurden diffamiert, ausgegrenzt und zu Volksschädlingen erklärt.

WÄHREND DU SCHLIEFST heuchelten sie Betroffenheit bei dem Verlust von Menschenleben.

WÄHREND DU SCHLIEFST fand digitale Bücherverbrennung statt.

WÄHREND DU SCHLIEFST wollten sie die „Maschine Mensch" verbessern und träumten von einer post- und transhumanistischen Gesellschaft.

WÄHREND DU SCHLIEFST gab es Menschen die sagten: „Ich mach da nicht mehr mit!".

WÄHREND DU SCHLIEFST gab es jene, die auf alternativen Kanälen informierten und aufklärten.

WÄHREND DU SCHLIEFST gingen Menschen auf die Straße.

Es geht um alles - um ein Leben in Freiheit!
WACH AUF!

Alles nichts genützt?!

Dokumentationen, Filme, Zeitzeugenberichte, Gedenkstätten und Stolpersteine - alles nichts genützt?!
„Wehret den Anfängen" und „Gegen das Vergessen" - darauf schworen wir uns ein.

Heute laufen die Menschen wie Zombies durch die Straßen. Sie glauben, was aus dem Fernseher kommt und in den Zeitungen steht. Selber denken - Fehlanzeige.

Dass sich Geschichte immer wiederholt und die Menschen nicht dazulernen, ist nur schwer zu ertragen, für die Wenigen - die verstehen - was läuft.

Wieder wird eine Bevölkerungsgruppe diffamiert und zu Volksschädlingen erklärt.
Denunzianten und Schreibtischtäter haben Hochkonjunktur.
Hatten wir das nicht schon mal in Deutschland?

In Bezug auf NAZI-Deutschland fragten wir uns früher: Wie konnte das nur geschehen?

Einer Minderheit ist klar, dass die Mechanismen heute ganz ähnlich sind, wenn auch verfeinerter, weil die Dunkel-Mächte dazugelernt haben.

Würde heute jemand einen Ungeimpften oder einen Maßnahmenkritiker verstecken, wenn es darauf ankäme?

Wieder ist der Tod (auch) ein Meister aus Deutschland.

Dieses Mal kann sich niemand damit herausreden, nichts gewusst zu haben.
Es ist alles im Internet zu finden.

Was hast DU getan?!

Was wenn dein Enkelkind dich einmal fragen wird, was hast DU getan in jener Zeit und wie konnte es überhaupt so weit kommen?

Was wirst DU antworten?
Wirst du sagen, du hast brav die Regeln befolgt und hast nichts hinterfragt?

Bist du der Mehrheit gefolgt, weil ja nur diese im Recht sein kann?
Oder sagst du, du hast nur Befehle ausgeführt?

Das Böse bleibt nicht, weil es ein paar böse Menschen gibt. Das Böse existiert in der Welt durch die vielen Gut-Menschen, die alles befolgen und schweigen und es damit am Leben erhalten.

Die den Unterschied machen

Sie sind mitten unter uns, jene die den Unterschied machen.

Der *Lehrer*, der seinen Job hinschmeißt, weil er es nicht ertragen kann, Kinder mit Test und Maskentragen zu drangsalieren.

Die *Schauspieler*, die sich beteiligten an der Aktion #allesdichtmachen.

Die *Sängerin*, die sagt: „Es hört auf, wenn wir nicht mehr mitmachen."

Der *Kabarettist*, der seinen Job verliert, weil das Gesagte bei den Machern des Mainstreams nicht mehr gut ankommt.

Der *Fernsehdarsteller* der sagt: „Der Faschismus sagt nicht: Hallo ich bin der Faschismus. Der Faschismus sagt: Bleiben sie gesund!"

Der *Pianist,* der das Lied „Freiheit" auf öffentlichen Plätzen spielt, ohne den Text zu singen. Dennoch klingt es im inneren Ohr: „Freiheit ist das Einzige, was zählt."

Die *Pflegekraft,* die einfach geht, weil sie die Zustände im Krankenhaus oder in der Pflegeeinrichtung satthat und nun auch noch ihre Gesundheit und eventuell das Leben opfern soll.

Der *Journalist,* der sich nicht verbiegen will und eine neue Plattform findet, wo er wirken kann.

Die *Ärzte,* die ihrem hippokratischen Eid treu blieben.

Richter und Anwälte, bei denen Justitia keine verbundenen Augen hat.

Die *Polizeihundertschaft,* die durch die Berliner Straßen fuhr und über Lautsprecher eindringlich vor der sogenannten Impfung warnte.

Die *Politikerin,* die Schaden vom Deutschen Volk abwenden will.

Die *Ungeimpften,* die sich trotz Repressalien in Familie und Gesellschaft treu blieben.

Wissenschaftler, die sich nicht kaufen ließen und vor der Behandlung mit der Gen-Therapie warnten.

Menschen die friedlich *demonstrierten* und ihre Rechte einforderten sowie *jene, die sagten #ichmachdanichtmehrmit.*

Sie alle sind die NEOs in der MATRIX, folgten dem weißen Kaninchen, nahmen die rote Pille und sind tief in den Kaninchenbau hinabgestiegen.
Die, die den Unterschied machen, sind in der Minderheit.
Doch das macht gar nichts, in der Geschichte war es oft nur ein einzelner Mensch, der eine Veränderung herbeiführte.

Die, die den Unterschied machen, sind die letzten Versprengten von ZION.
Wir verdanken ihnen alles - die Rettung der Menschheit.

Das Kuckucksnest

Drei Gänse in einem Schwarm.
Eine flog nach Ost
und eine flog nach West
und eine flog übers Kuckucksnest.

Was ist deine Strategie?
Schön unauffällig mit der Masse mitschwimmen, unter
dem Radar bleiben, bloß kein Risiko eingehen, lieber un-
terwürfige Selbstaufgabe als Ausschluss und Bestrafung
erleiden.

Es ist schließlich zu unserem Besten, denkst du, für unsere
Sicherheit, unser Wohlergehen und unsere Gesundheit.

Täusche dich nicht, der Kuckuck baut keine Nester!

Inspiriert von Milos Formens Film „Einer flog über das Kuckucksnest".

Das Kuckucksnest 2.0

Drei Gänse in einem Schwarm.

Eine flog nach Ost

und eine flog nach West

und eine flog übers Kuckucksnest.

Ein lustiger Reim ist das, Gänse in einem Schwarm fliegen nicht in verschiedene Richtungen und der Kuckuck baut keine eigenen Nester.

Milos Formen hat gewusst, das Institutionen, die mal geschaffen wurden, um uns zu unterstützen, irgendwann die Tendenz haben, sich gegen uns zu wenden.

Die dunkle Seite der Macht arbeitet daran, eine „hybride Schwarmintelligenz" zu etablieren.

Dazu braucht es ein Betriebssystem im menschlichen Körper, der Mensch soll „hackbar" werden - perfekte Soldaten- und Arbeitsdrohnen für die Kabale.

Wird die „Maschine Mensch" zu alt, schwach, krank oder einfach „nutzlos" (in deren Augen), kann man sie dann auch abrupt ausschalten.

Des Teufels Vasallen entscheiden dann, welches Leben als „wertvoll" erachtet wird.

Längst ist die Technologie so weit fortgeschritten, dass nicht unbedingt Chips vonnöten sind.

Nanopartikel sind so klein, kleiner als der Durchmesser eines Haares und können über das Blut eingespeist werden.

Die Blut-Hirnschranke ist mit Nanopartikeln durchbrechbar. Die Steuerung über 5 G ist wohl (noch) nicht möglich, soweit waren sie noch nicht.

Verschwörungstheorie, sagst du?

Na, dann brauchst du dir ja keine Sorgen zu machen.

Science-Fiction denkst du?

Ich wünschte es wäre so.

Was geschieht mit der Menschheit und mit den Seelen, wenn sie an dieses „Betriebssystem" angeschlossen sind?

Meine Vermutung ist, dass die Menschheit dann aufhört zu existieren und der Dunkle die Seelen einkassiert.

„Wir sind die Borg. Existenz, wie ihr sie kennt, ist vorbei. Sie werden assimiliert. Widerstand ist zwecklos."

Ich sehe auf die Uhr - fünf Minuten vor Zwölf.

LIEBE GRÜßE AUS BABYLON.

Inspiriert von Milos Formens Film „Einer flog über das Kuckucksnest".

Gib jetzt nicht auf   (für Paul)

Gib jetzt nicht auf mein Freund, du wirst gebraucht.
Lass die Gedanken an Suizid fallen, das ist keine Lösung.

Wir stehen kurz vor dem Durchbruch in ein wunderbares, goldenes Zeitalter.
Du siehst mich mit großen Augen erstaunt an.
„Woher willst du das wissen?", fragst du.
Nun, ich las Eckart Tolles Buch „Eine neue Erde".
Ich weiß es einfach intuitiv und im Herzen.
Außerdem wird es in alten Schriften offenbart.
Wie soll man das jemanden erklären, der weder spirituell noch religiös ist?
Natürlich kann ich dich nicht überzeugen, ich will es auch nicht.

Wir haben Anfang 2022.
Im Außen sieht es so aus, als wäre die ganze Welt verrückt geworden und keine Änderung in Sicht.
Ich werde in der Straßenbahn von einer Passagierin angepflaumt, weil ich die „falsche" Maske trage - nach ihrer Meinung.

Du bist 3fach „geimpft", weil du im öffentlichen Dienst arbeitest, aber immerhin hast du von den „Bilderbergern" gehört und reden kann man mit dir.
Deine größte Angst ist nun, dass es nach einem Regierungswechsel noch schlimmer werden könnte, ähnlich wie nach der russischen Revolution.

Die Zarenfamilie wurde beseitigt und mit den Roten wurde es noch schlimmer.

Du erwägst die 4. Impfung, falls dein Arbeitgeber es von dir verlangt.
Dein Körper - deine Entscheidung.
Deine Kollegin Natalie lehnt die 4. Impfung inzwischen strikt ab.
Sie hat in letzter Zeit gut recherchiert, das macht Hoffnung.

Du machst ein verzweifeltes Gesicht, weil du *nicht* an eine Verbesserung der Umstände glauben kannst.
„Wenn alle Stränge reißen und du es wirklich nicht mehr aushalten kannst in Deutschland, sind ja da noch deine

Freunde in der Türkei, dann wandere eben aus", rate ich
dir.

Als ich erwähne, dass ich bis zu diesem Kurs *ungeimpft
und ungetestet* geblieben bin, warst du beeindruckt und
das war nicht gespielt.

Der Vertrag sah vor, dass täglich ein Test vorzulegen ist,
wenn man ungeimpft ist. Sonst hätte ich nicht am Kurs
teilnehmen können. Dann wären mir tatsächlich nur
noch das Rathaus und der Supermarkt geblieben, wie
von Jens Spahn angedroht.

Ich wollte endlich wieder unter Menschen, also habe ich
Zugeständnisse gemacht.
Klar war aber auch, dass ich nach dem Kurs das Testen
wieder aufgeben würde.
Und wer dann 2 G von mir verlangt, sieht mich eben
nicht und scheint mein Geld nicht zu brauchen.

Anfang März 2022 hatte ich meine letzten zwei Tage im
Testcenter.

Seltsame Fragen stellte man mir:

„Wie geht es ihnen?"

„Fühlen sie sich wohl?"

Erst als ich wieder Zuhause war, fiel der Groschen.

Ach ja, da war ja noch was.

Laut Karl Lauterbachs Prognose wäre ich gestorben.

Ach - wie schön, einfach gesund!

Anmerkung der Autorin:

Der Text beruht auf einer wahren Begebenheit.
Ich danke meinen Dozenten Paul, Natalie und David dafür, dass wir in Diskurs miteinander treten konnten, gerade auch dann, wenn wir konträrer Meinung waren.
*Das war in dieser Zeit **nicht** selbstverständlich.*

Meine zwei besten Freundinnen sind mir erhalten geblieben, darunter eine geimpft und eine ungeimpft. Ansonsten ist vieles weggebrochen.

Wahrscheinlich war das dann auch nicht viel Wert.

Was vom Tage übrig blieb

- Soziale Distanz, die einsam und krank macht.

- Statistiken, die gefälscht sind.

- Masken, die gegen Viren nichts ausrichten.

- PCR-Tests, die keine Virusinfektion nachweisen können.

- Ein Impfstoff, der keiner ist.

- Flächendeckende Überbelegung von Intensivstationen, die *nicht* stattfand.

- Herunterfahren der Wirtschaft, was in puncto Gesundheit nichts bringt.

- Philanthropen, die keine sind.

WIESO, WESHALB, WARUM?

Wir wissen, was IHR die letzten Sommer getan habt!

Euer Framing und Eure Vertuschungen nützen nichts mehr.

Man kann es jetzt deutlich sehen - vorausgesetzt - die Augen sind offen.

Fast jeder kennt jetzt jemanden, der plötzlich und unerwartet verstorben ist oder körperliche und/oder psychische Beeinträchtigungen hat.

Ihr versucht krampfhaft den Deckel draufzuhalten.

Die Geschädigten erhalten oft nur Hilfe, wenn die Beschwerden als Post-Corona-Syndrom, aber nicht, wenn sie als Post-Vac-Syndrom deklariert werden.

Die vielbeschworene Solidarität hielt nur bis zur sogenannten Impfung.

Die Notfallwagen rücken häufig aus mit Blaulicht, abends auch ohne.

Verträge mit der Pharmaindustrie und RKI-Files sind geschwärzt.

Es gibt nichts Dramatisches zu berichten?

„Gehen Sie weiter, es gibt hier nichts zu sehen!"

Realitätsverweigerung funktioniert kaum noch, nur bei denen, wo der Kopf noch tief im Sand steckt.

Welche Verschwörungstheorie ist denn noch nicht wahr geworden?

In diesen Zeiten beträgt der Unterschied zwischen einer Verschwörungstheorie und einer Verschwörung ein paar Monate.

2024 werden immer noch Menschen angeklagt, weil sie falsche Maskenbefreiungsatteste und Impfbescheinigungen ausgestellt haben sollen. Soldaten werden verurteilt, weil sie die Gentherapie verweigerten.

Und das in einer Zeit, wo längst klar ist, dass Masken nichts gegen Viren ausrichten können und die sogenannten Impfungen eher schaden als nützen.

Menschen aus der Freiheitsbewegung sitzen in Untersuchungshaft im besten Deutschland aller Zeiten.

Wir befinden uns in der satanischen Verdrehung.

Die Verbrecher leben unbehelligt unter uns.

„Wir wissen, was IHR die letzten Sommer getan habt!"

Kein Vergeben, kein Vergessen!

AUFARBEITUNG - JETZT!

Hinter dem Vorhang

Der rote, schwere Samtstoff gibt in der Mitte einen kleinen Spalt frei, sodass man das Geschehen auf der Bühne gut verfolgen kann.

Die Hollywood-Fassade bröckelt, noch verbergen sie sich hinter Masken und der Joker* lacht.

Mee-Too-Bewegung, Pizza-Gate, Epstein-Insel, P. Diddys Freak-Off-Partys usw. - alles nur Einzelfälle oder Verschwörungstheorien?

Prominente löschen ihre Tweets mit Diddy, andere verlassen das Land.

Welchen Preis hat Justin Bieber für Ruhm und Erfolg gezahlt? Eins ist sicher, er war zu hoch.

Die Ära der Gurus und Idole endet 2024.

Alles wird entzaubert.

Film- und Musikindustrie sowie große Medienunternehmen befinden sich im freien Fall.

Und Amerika hat Donald Trump zum neuen Präsidenten gewählt. Ich hörte und sah eben den ersten Dominostein umfallen.

Zurücklehnen und die Show genießen.

---

* *Charakter „Joker" aus den Batman-Filmen.*

3.
Aufbruch ins Licht

Die Erwachten

Die Erwachten betreiben nicht ständig Meditation oder üben sich im „Om", obwohl das hilfreich sein kann.

Sie ernähren sich nicht unbedingt vegan und sprechen nicht ständig von Licht und Liebe, wobei daran nichts auszusetzen ist.

Die Erwachten sagen: „Hier läuft etwas gewaltig schief.", „Ich muss hier weg.", „Wie kann ich mich dem verweigern?" oder „Was kann ich tun?".

Die Erwachten hinterfragen alles.
Sie wissen, dass die Wahrheit früher oder später ans Licht kommt und sie haben Geduld.

Die Erwachten sagen von sich selbst *nicht*, sie wären „erleuchtet" oder gar ein „spiritueller Lehrer".
Sie wissen, dass früher oder später jede Seele zum Erwachen kommt.

Die Erwachten versuchen *nicht* dich zu überzeugen und respektieren deinen Standpunkt, auch wenn dieser von ihren eigenen Ansichten abweicht.

Die Erwachten sind kreativ und finden immer eine Lösung, falls es Probleme gibt.
Sie sind sanftmütig, humorvoll sowie großzügig und können sich gut in andere hineinversetzen.

Die Erwachten sind offen, oft sehr direkt, was viele Menschen verschreckt.
Sie wissen, dass sie *nicht* hier sind, um die Erwartungen *anderer* zu erfüllen.

Die Erwachten können gut alleine sein und genießen die Stille.
Ihnen ist bekannt, dass in der Stille große Dinge reifen.

Die Erwachten können dir eine Tür zeigen, es ist an dir, ob du durch diese Tür schreitest.

Die Welt ist nicht genug

Die Welt taxiert dich nach deinen materiellen Besitztü-
mern, Qualifikationen, Titeln, Status und in welchen Netz-
werken du verkehrst.

Die Welt ist nicht genug.
Was nützt es, wenn man die ganze Welt gewinnt und doch
Schaden an seiner Seele nimmt.

Der Mensch lebt nicht vom Brot allein, ihn hungert nach
einem jeden Wort, das aus dem Mund Gottes kommt.

Er spricht auf verschiedenen Wegen, durch den heiligen
Geist, in einem Traum, durch einen brennenden Dorn-
busch, in einer Zeile in einem Lied oder aus dem Mund
eines Fremden.

Und die - die ihn hören können - wissen, dies ist das ENDE
DER WELT, SO WIE WIR SIE KANNTEN.

Es wird einen NEUEN HIMMEL und eine NEUE ERDE
geben, so steht es geschrieben.

Die magische Stunde

Ich sehe aus dem Fenster, die Sonne geht gerade auf.

Wieder mal Chemtrails am Himmel, immer häufiger in letzter Zeit zu beobachten.

Sie vergiften uns von oben, über das Trinkwasser, teilweise über die Nahrung und Medikamente.

Zu keinem Zeitpunkt ging es um die Gesundheit.

Sie versuchten, das Erwachen der Menschheit zu verhindern, doch zu spät, die kritische Masse ist erreicht. Es gibt kein Zurück mehr.

Eine neue Zeitlinie ist entstanden, das alte System liegt im Sterben und schon bald wird die Wahrheit zu Tage treten.

Das wiederum wird zu einem Massenerwachen führen, ähnlich dem nach dem Ende des 2. Weltkrieges.

Dieser 3. Weltkrieg, der ein Informationskrieg gegen das menschliche Bewusstsein ist, neigt sich dem Ende zu.

Das GOLDENE ZEITALTER steht vor der Tür und klopft bereits an.

Wir sind die, auf die wir immer gewartet haben.

BIST DU BEREIT?

4.
Mythen, Märchen und Prophezeiungen

Als der Teufel nach Georgia kam

Der Dunkle ist immer auf der Suche nach einer Seele, die er stehlen kann.

Immer geht es um Verführung, gern schließt er Wetten ab, oft geht es um Ruhm, Macht und Geld. Er bietet einen Deal, einen Vertrag an, den du freiwillig eingehen sollst. Zwingen könnte er dich nicht, das weiß er ganz genau.

Einst kam der Teufel nach Georgia und traf auf Johnny - den Geigenspieler.

Der Teufel winkte mit einer goldenen Geige und sprach: „Lass uns wetten, um eine goldene Geige gegen deine Seele, weil ich denke, dass ich besser geige als du."

Doch Johnny lachte nur: „Ich bin der Beste, den es jemals gegeben hat."

Der Teufel begann sein Spiel, Dämonen begleiteten ihn, doch Johnny spielte besser. So musste sich der Teufel geschlagen geben.

Bedenke eines, wenn du Geschäfte mit dem Teufel machst: Bist du nicht der Beste deines Fachs verlierst du deine Seele!

Inspiriert von dem Song „The Devil went down to Georgia" von Charlie Daniels (1936 - 2020) u. A., gespielt von der „Charlie Daniels Band".

Schlacht um Midgard

Erdbeben, Vulkanausbrüche und Überschwemmungen.
Lady Gaia, Mutter Erde, reinigt sich.
Heimdall bläst in sein Horn, ergreift sein Schwert und
Thor schwingt seinen Hammer.
Götterdämmerung.

Die Welt ist fest im Würgegriff der Schlange, doch der
Donnergott tritt gegen sie an - in dieser letzten großen
Schlacht.

Makrokosmos wie Mikrokosmos, Oben wie Unten, Innen
wie Außen so lautet ein Gesetz des Universums. Die Har-
monische Planetenkonvergenz hat längst stattgefunden,
die Erdachse verschiebt sich, der Erdmagnetismus wird
schwächer, gewaltige Sonneneruptionen nehmen zu. Das
Zeitalter des universellen Friedens wird eingeläutet.

Der POINT-OF-NO-RETURN ist überschritten.
Die, die wachen Geistes sind, erwarten das Event - den
Shift der Erde.

Lichtkräfte reiten die Welle des Dunklen, um am Ende in höhere Dimensionen aufzusteigen.

Noch lacht Loki, ob seines trickreichen Gebarens.
HOCHMUT KOMMT BEKANNTLICH VOR DEM FALL!

Inspiriert von der Nordischen Mythologie.

Snow White

Die Kerkerwände sind feucht und kalt.
Modrig riecht es hier.
Ich muss hier raus.

Die Stiefmutter hat den König, meinen Vater, gemordet
und die Herrschaft an sich gerissen.

Junge Mädchen verschwinden, eine sah ich, um Jahrzehnte gealtert.
Einen Zauberspiegel soll sie haben - munkelt man.
Schwarze Magie betreibt sie, doch schwarze Magie hat ihren Preis.

Bei der nächsten Gelegenheit werde ich fliehen und untertauchen.
Es kann nicht mehr lange dauern, dann trachtet sie auch
mir nach meinem Leben.

Ich hatte viel Zeit zum Nachdenken.

In die Wälder werde ich gehen und mich verstecken.

Wer weiß, vielleicht finde ich eines Tages Verbündete um mein Geburtsrecht einzufordern.

Dann werde ich ihnen zurufen: „Wer will mein Bruder sein?!"

Inspiriert von dem Film „Snow White and the Huntsman" von Rupert Sanders.

Singvögel und Schlangen

Die Hungerspiele sind eröffnet - wie jedes Jahr - zur Erinnerung an einen blutig niedergeschlagenen Aufstand. Die Lotterie findet statt, je zwei Tribute (ein Mädchen und ein Junge) aus jedem der 12 Distrikte müssen gegeneinander antreten und nur ein Tribut kommt hier lebend raus.

Der überlebende Tribut hat die Möglichkeit später Mentor der nachfolgenden Tribute zu sein. Das bietet einige Annehmlichkeiten, doch zu welchem Preis?
Oft hat dir das Kapitol zuvor alles genommen, was du liebtest. Das System Panem (Brot und Spiele) wird aufrechterhalten und von den Tributen schafft es eh nur einer - wenn überhaupt.
Man ist Teil des Problems.
Was machen Mentoren, die sich nicht mehr im Spiegel betrachten können?
Ja, genau.
Sie greifen zur Flasche oder zu anderen Drogen.

Manchmal braucht es nur ein Mädchen, das in Flammen steht und Hoffnung steigt auf.

Und der Spottölpel singt sein Lied: „Hanging on the tree".

Singvögel wollen ins Licht und ihre Flügel frei ausbreiten.

Die Sehnsucht nach Freiheit ist tief verwurzelt und kann nicht so leicht ausgelöscht werden.

Präsident Snow steckt sich eine weiße Rose ans Revier, er hustet, ein Tropfen Blut fällt auf seinen Handrücken.

Die Rose soll den Verwesungsgeruch übertünchen.

Ihm bleibt nicht mehr viel Zeit und er weiß es.

Mit aller Macht versucht er das System aufrechtzuerhalten.

Die Schlange versprüht ihr Gift, wo sie nur kann.

Unter der Kuppel, auf dem Spielfeld, schafft das Kapitol Katastrophen und Krisen.

Hier ein Waldbrand, dort ein giftiger Nebel, wilde Tiere oder etwas ganz Anderes.

Jeder gegen jeden und dennoch bilden sich Allianzen heraus - unter den Tributen.

Die gutsituierten Bürger Panems fiebern mit und fühlen sich gut unterhalten.

Sponsoren dürfen ihrem favorisierten Tribut kleine Geschenke machen, was das Leben retten kann, eine heilende Salbe oder ein nützliches Werkzeug vielleicht.

Ein Moderator begleitet das Ganze mit Kommentaren, Interviews und einem breiten Grinsen.

Es geht um Menschenleben und sie machen eine Show daraus.

ERKENNE WER DER WAHRE FEIND IST!

Inspiriert von der Filmreihe „Tribute von Panem".

Die Macht ist mit dir - immer

Sie wollen dich kleinhalten und kontrollieren.
Erpressen hohe Steuern und Abgaben und lassen dich arbeiten - am besten bis dein Leichnam in die Kiste gelegt wird.

Sie sagen dir, was du zu tun und was du zu lassen hast.
Nur ein Sklave fragt: „Ist das legal?"
Ein freier Mensch fragt sich: „Ist das richtig?"

Steig aus deiner Opferenergie aus!
Du bist ein wesentlicher Teil des kosmischen Tanzes!

Zeit den Löwen zu wecken!
Nimm deine Macht an!
JETZT!

Inspiriert von den Songs „Goldlöwen" und „Bisschen mehr Rapbellions" von den RAPBELLIONS.

Der Staatsfeind Nr. 1

Es gab einst einen Zimmermann aus Nazareth.
Seine Anhänger und Jünger nannten ihn Friedefürst, Menschenfischer, Wundertäter, Heiler, Meister und Sohn Gottes.

Die, die er zu seinen Jüngern erwählte, waren Verlorene, Verachtete und Ausgestoßene, die *niemand* sonst gewählt hätte.

Er wirkte durch sein Beispiel, reichte einen Stein und sprach:
„Wer ohne Sünde ist, werfe den ersten Stein."

Außerdem war er zutiefst menschlich.
Das Treiben der Händler und Geldwechsler im Vorhof des Tempels von Jerusalem machte ihn zornig, wütend und aggressiv.

Er sprang über Tische und Bänke, warf sie um, machte eine Geißel aus Stricken, um damit die Händler und Geldwechsler mitsamt dem Opfervieh hinauszutreiben.

Das Geld der Wechsler schüttete er aus und zu den Taubenhändlern sagte er:

„Schafft das hier weg, macht das Haus meines Vaters nicht zu einer Markthalle!"

Jesus war nicht einverstanden mit dem Tempelbetrieb.

Ihm ging es um den „wahren" Glauben.

Die Tempelpriester wollten ihn nach diesem Vorfall endgültig vernichten.

Für die Schriftgelehrten und Pharisäer war dieser Wanderprediger gefährlich.

Ich frage mich:

Wo wäre Jesus gewesen während der Gesundheitskrise, wenn er als Mensch unter uns gelebt hätte?

Ich bin mir sicher.

Er wäre bei den Quer-, Klar-, Frei- und Selbstdenkern, bei den Maßnahmenkritikern, den „vermeintlichen" Nazis und Verschwörungstheoretikern, bei den Geächteten.

Den Ungeimpften, Diffamierten und Ausgegrenzten hätte er den Arm um die Schulter gelegt und gesagt: „Halte durch Schwester/Bruder Gottes Mühlen mahlen langsam, aber sehr fein und gerecht."

Denen, die einen Verlust zu betrauern haben, hätte er die Hand gehalten und versichert, dass die Strafe Gottes für jene kommt, die sich an diesem Verbrechen beteiligt haben und das sei so sicher wie das Amen in der Kirche.

Das Schließen der Gotteshäuser und das Ausgrenzen der Ungeimpften während der Gesundheitskrise hätte Jesus die Zornesröte ins Gesicht getrieben und bei dem Slogan „Impfen ist Nächstenliebe" hätte er sich vermutlich übergeben.

Am meisten hätte ihn gestört, wie man mit den Schwachen umgegangen ist, den Kranken, Alten und vor allem den Kindern.

JETZT ist Schluss damit!
Gottes Kinder stehen NICHT zum Verkauf!

Exodus

Es war alles nur Vorbereitung, Trainingslager, Schule des
Lebens - quasi.
Wir waren nur auf der Durchreise.
Einige fühlten sich hier nie zuhause.
Andere hatten das Gefühl, dass hier etwas nicht stimmt,
wussten aber nicht genau was es war.
APOKALYPSE NOW - die große Enthüllung steht vor der
Tür.
Die Dominos werden fallen.
Wir benötigen keinen neuen Moses.
Jetzt nicht mehr.
Einheit und Liebe - mehr braucht es nicht.
Wir wissen, woher wir kommen
und wir wissen, wohin wir gehen.
Wir verlassen Babylon und gehen nach Hause.
Unsere Generation Bob* - und du hast es gewusst.

---

*Inspiriert von den Songs „Exodus" und „Redemption Song"
von Bob Marley.*

* *Gemeint ist: Bob Marley (1945 - 1981),
Reggae-Sänger, Gitarrist, Songwriter und Aktivist.*

Die Rückkehr des Königs

Ich spüle Geschirr.

Gedanken kommen und gehen.

Aus dem Radio ertönt Sinéads* Lied „Fire on Babylon".

Die Rückkehr des Königs wird erwartet - jedenfalls von einigen.

Manche sagen er würde auch das zweite Mal als Mensch wiederkehren und man würde ihn an den Augen erkennen. Das mag stimmen oder auch nicht.

(Ich lass mich gern überraschen.)

Nur der Schöpfer, der Heilige Geist werden es wissen.

Für mich ist die Prophezeiung erfüllt mit dem Eintritt in die 5. Dimension - auch als Goldenes Zeitalter bezeichnet.

Wir kennen nicht den Tag und die Stunde, doch lange kann es nicht mehr dauern.

An den Zeichen kann man es erkennen - Sodom und Gomorra wie in den Tagen Noahs.

Es wird eine neue Erde und einen neuen Himmel geben - PARADISE IS COMING!

---

* *Gemeint ist: Sinéad o' Connor (1966 - 2023),*
irische Sängerin, Songwriterin und Aktivistin.

5.
Jahreszeiten und Zeiten des Lebens

Als ich ein Kind war

Als ich ein Kind war, gab es keine sozialen Medien, keine Mobilfunkgeräte oder Smartphones, nicht jeder hatte einen Festnetzanschluss.

Die Fernsehsender waren ARD, ZDF, N3, 1. und 2. DDR-Fernsehen - mehr nicht.
Im DDR-Fernsehen lief jeden Samstagnachmittag bei Professor Flimmrich ein Kinder- oder Märchenfilm.
Für die Kleinen gab es sonntags Meister Nadelöhr u. a. mit Pittiplatsch und Schnatterinchen.

Im Bildungsfernsehen der DDR liefen Klassiker wie „Nathan der Weise" oder „Kabale und Liebe".
Im „Westfernsehen" gab es samstags „Hitparade" oder „Disco" und nach dem „Wort zum Sonntag" im Ersten einen spannenden Film.

Im ZDF-Vorabendprogramm verfolgten wir die Abenteuer der Besatzung des Raumschiffs „Enterprise".

Heute kann man das Fernsehen vergessen, 99 Programme und mehr und fast nichts Gescheites zu sehen. Manchmal ist weniger mehr.

Wir haben auch überlebt und zwar sehr gut.

Wir waren oft in der Natur und hatten echte Freunde und keine Fake-Profile.

Hast du jemals den Regen gespürt?

Weißt du noch?

Vor Jahrzehnten als wir noch Kinder waren und im Hof spielten, überraschte uns manchmal der Regen. Wir hatten keine Wetter-App, die uns vorwarnte. Nicht einmal der Wetterbericht interessierte uns.

Wir huschten einfach unter ein Vordach oder in einen Schuppen, der offenstand, wenn es plötzlich regnete.

Dann sangen wir: „Es regnet, es regnet, die Erde wird nass. Wir sitzen im Trocknen, was macht uns denn das."

Wir beobachteten den Regen und lauschten seinem Klang, während es platterte.

Mitunter bildeten sich Pfützen und die Tropfen, die in die Pfützen fielen, bildeten Kreise.

Es hatte etwas Beruhigendes, wenn der Regen auf Dächer, Bäume und Sträucher niederprasselte.

Manchmal streckten wir einen Arm heraus und spürten die Tropfen auf der Haut.

Bei einem Sommerregen, der in der Regel bald vorbei war, tanzten wir mitunter im Regen.

Heute kann man das niemandem empfehlen, bei allem was man über unseren Köpfen ausschüttet.

MANCHE SPÜREN DEN REGEN
UND ANDERE WERDEN EINFACH NUR NASS.

In der Straße, in der ich einst lebte

In der Straße in der ich einst lebte, wartete ich fast täglich an der Haltestelle darauf, dass der Bus oder die Straßenbahn eintrifft, um zur Arbeitsstelle oder zum Vergnügen zu fahren.

Dabei fiel mein Blick jedes Mal auf den Wohnblock gegenüber. In der dritten Etage gab es vier Fenster, die von außen mit jeweils zwei Holzbalken überkreuzt und verbarrikadiert waren.

Wie seltsam - ich wunderte mich - schließlich lebten wir in Friedenszeiten.

Später erfuhr ich, dass die Frau, die in dieser Wohnung lebte, früher in einem Konzentrationslager war.

Es hieß sie verlässt selten das Haus, nur zum Einkaufen und für dringende Erledigungen. Dabei würde sie sich ängstlich umsehen und den Anwesenden zuflüstern: „Gebt acht, sie holen eure Kinder!".

Ich wohne längst nicht mehr in jener Straße, aber noch heute hallen ihre Worte nach:

„GEBT ACHT, SIE HOLEN EURE KINDER!"

Anmerkung der Autorin:

Der Text beruht auf einer wahren Begebenheit. Ich lebte zu DDR-Zeiten als ich 18 Jahre alt war in der Pflugstraße in Berlin-Mitte.

Die Straße mit den Bus- und Straßenbahnhaltestellen war die Wöhlertstraße nahe dem damaligen Grenzübergang Chausseestraße.

In der Nähe befand sich auch das „Stadion der Weltjugend", heute stehen dort die Gebäude des BND.

Herbstgeflüster

Die Tage werden kürzer und die Nächte länger.
Vogelscharen ziehen gen Süden.
Die Natur zieht ihr buntes und schönstes Kleid an.
Blätter fallen, Nebel steigt auf.

Die Menschen feiern Halloween/Samhain, Reformations-
tag, Allerheiligen und ich meinen Geburtstag - einen Tag
vor Samhain.

Samhain war ein heidnisches Fest.
Es heißt, dass die Grenzen der Welten zwischen den Le-
bendigen und den Toten zu dieser Zeit durchlässiger wer-
den.
Menschenopfer wurden dargebracht, Jungfrauen heißt es
- gemeint sind Kinder.

Sie tun es immer noch an diesem Tag, der nun Halloween
heißt, ihnen sind Rituale sehr wichtig.

Eure Kinder verkleiden sich und ziehen johlend durch die Straßen, rufen „Süßes oder Saures!" während die Kabale lacht.

Satans Anhänger arbeiten gerne mit Verführung - genau wie ihr Meister.

Habt ihr es nicht gesehen in den letzten Jahren?
Sagt mir wo die Kinder sind, wo sind sie geblieben?
Was ist gescheh'n?
WANN WIRD MAN JE VERSTEH'N?

Irgendwann und irgendwo
fällt der Schnee

Über Nacht hat es geschneit.

Der Schnee hat alles verzaubert.

Winterlandschaft - wie auf einem Gemälde von Pieter Bruegel*.

Unter meinen Füßen knirscht der Schnee, während ich durch den Park gehe.

Ich liebe den Wechsel der Jahreszeiten.

Die Luft ist klar und kalt.

Es beginnt wieder zu schneien.

Ich spüre wie die Eiskristalle auf meinem Gesicht schmelzen.

„Väterchen Frost"** hat gute Arbeit geleistet.

Sträucher, Bäume, Rasen und Dächer sind mit Schnee bedeckt.

Selbst ein kleines Vogelhäuschen trägt ein weißes Dach.

Bänke und Tische wirken besonders einsam, auch sie wurden vom Schnee zugedeckt.

Es sieht aus als hielten sie Winterschlaf und träumten von warmen Tagen an denen Besucher sich niederlassen und ihre Picknickkörbe auspacken.
Ich genieße die Ruhe.

Mein Blick wandert zum Cottage.
Rauch steigt auf, sie haben den Kamin angemacht.
Ein heißes Getränk, das wär's jetzt.

Mein Wunsch geht in Erfüllung.
Ich suche mir einen Platz am Fenster. Das Holz im Kamin knackt von Zeit zu Zeit.
Wenig Besucher, außer mir ein junges Paar mit Kind und zwei ältere Damen.

Ich sehe aus dem Fenster in die Winterlandschaft, es hat aufgehört zu schneien.

Du bist nicht hier und trotzdem geht's mir gut.

Was soll's, irgendwann und irgendwo fällt der Schnee.

6.
Über die Liebe

Nach all den Jahren

Sie war so fröhlich, intelligent und liebevoll.
Ich verbrachte gern Zeit mit ihr.
Auch bei den anderen Mitschülern und den Mitgliedern
des Lehrkörpers in Hogwarts war sie beliebt.

Ich kenne niemanden, der sie nicht mochte.
Als sie sich James Potter zuwandte, machte mich das sehr
traurig.
Aber, das war nichts im Vergleich zu dem Schmerz den
ich fühlte als sie ihr Leben verlor, durch die Hand von - du
weißt schon wen.

Nun bin ich selbst Lehrer in Hogwarts. Es ist mein einzi-
ges Zuhause, hier verlebte ich meine schönsten Jahre. In
der Welt da draußen, war ich immer nur das Halbblut.
Hier ist meine wahre Familie.

Jetzt ist Lilys Sohn Harry Schüler in Hogwarts.
Er ist genauso arrogant wie sein Vater und dennoch - er
hat die Augen seiner Mutter.

Die eine oder andere Verhaltensweise von ihm erinnert mich an Lily.

Ich werde meine schützenden Hände über den Jungen *und* Hogwarts halten.

Egal, welcher Preis zu zahlen ist.

Möglicherweise werde ich den Jungen gröber behandeln als notwendig, damit niemand meinen Plan durchschaut, vor allem nicht der dunkle Lord und seine Anhänger.

Dumbledore fragte mich kürzlich:

„Lily? Nach all den Jahren?"

Ich antwortete:

„IMMER"

Inspiriert von den Harry-Potter-Filmen
(Charakter: Professor Severus Snape).

Alles was du tust

Alles was du tust hat eine Auswirkung, was du säst erntest du. Das ist ein kosmisches Gesetz.

Der Flügelschlag eines Schmetterlings kann einen Tornado am anderen Ende der Welt auslösen oder verhindern, besagt die Chaos-Theorie.

Alles ist Energie, Frequenz, Schwingung.

Das ist Physik.

Gehässige, böse Worte und Verleumdungen können töten, auch ohne dass der Finger am Abzug einer Waffe betätigt wird.

Dagegen können ein liebes Wort und eine freundliche Geste aufbauen und Leben retten.

Du weißt nicht, welche Last dein Gegenüber trägt.

Keine schlechte Tat bleibt ungesühnt. Dessen sei gewiss.

Doch du bist hier, um einen Unterschied zu machen.

Wenn dich jemand mit Worten angreift, möchte dein Reptiliengehirn sofort verbal zurückschlagen.

Halte kurz inne - bevor du reagierst - und frage dich:

WAS WÜRDE DIE LIEBE JETZT TUN?

7.
Persönliche Transformation

(Ahnenthema, Heilung des inneren Kindes und
Begegnung mit der Dualseele)

Erwin '45

Als ich 11 Jahre alt war, schenkte mir mein Großvater ein evangelisches Gesangsbuch, damit ich darin meine Briefmarken pressen konnte. Ich war damals leidenschaftliche Briefmarkensammlerin.

Als er es mir überreichte, sagte er: „Das gehörte deinem Onkel Erwin. Er kehrte nicht aus dem 2. Weltkrieg zurück". Dann zeigte er mir ein Foto von Erwin.
Ein junger gutaussehender Mann in Uniform war zu sehen. Er wirkte introvertiert.
Während des Gesprächs spürte ich eine große Traurigkeit bei meinem Großvater.
Ich schlug das Gesangsbuch auf. Dort stand in altdeutscher Schrift geschrieben:
„Erwin Gutendorf zur Erinnerung an deine Konfirmation Ostern 1937".
Meine Großeltern hatten sieben Kinder. Meine Mutter war das jüngste Kind, 1936 geboren.
Von den drei Söhnen, die im Krieg waren, schafften es meine Onkel Willi und Erich traumatisiert nach Hause zu kommen. Das Gleiche gilt für meinen Großvater Wilhelm,

der ebenfalls im Krieg war. Erwin jedoch kam nicht nach Hause.

Auch wenn man noch sechs Kinder hat, geht eines verloren, kann es nicht durch ein anderes ersetzt werden.

Über den Krieg und die Nachkriegszeit wurde so gut wie nie gesprochen.

Von meiner Mutter erfuhr ich einige Jahre später, dass Erwin mit einem Freund zum Kriegsende bei der Minen-Beräumung war.

Der Freund hatte gesagt: „Komm Erwin, der Krieg ist aus, wir gehen nach Hause."

Erwin soll geantwortet haben: „Aber das können wir doch nicht, wir müssen doch aufräumen."

Da Erwin nicht nach Hause kam, ist anzunehmen, dass er bei der Minen-Beräumung ums Leben gekommen ist.

Jahrzehnte später erfuhr ich, dass es wohl viele Minenberäumungstrupps gegeben hat, bei denen auch viele Männer umkamen.

Es heißt in jeder Ahnenreihe, die eine Seele im Krieg verloren hat, gibt es eine Seele, die stellvertretend für alle trauern wird.

Ich habe viele Tränen geweint und großen Herzschmerz verspürt, der nicht von mir allein sein konnte, schließlich kannte ich meinen Onkel nicht persönlich.
Es waren auch die Tränen meiner Großeltern, meiner Mutter und ihrer Geschwister.
JETZT IST ALLES GEHEILT.

––––––

Inspiriert von „Kurt '45" von Lisa und William Toel.

Anmerkung der Autorin:

Die Verbindung zu unseren Ahnen ist von immenser Bedeutung, die indigenen Völker haben das schon immer gewusst.
Auch stimme ich mit Lisa und William Toel vollkommen überein, dass die Heilung der deutschen Volksseele sehr wichtig ist.
Vor allem muss Schluss sein mit Schuld und Scham.
Sie hatten keine Wahl und außerdem war alles Steuerung von jenen Kräften, die auch heute wirken und die Deutschen kleinhalten und in weitere Kriegsgeschehen verwickeln wollen.

So wie „Kurt '45" von Lisa und William Toel für alle Opfer der Rheinwiesenlager steht, soll „Erwin '45" für alle Opfer stehen, die zum Kriegsende bei der Minen-Beräumung ums Leben kamen, das ist mir ein großes Anliegen.

„Werner"
oder „Der Sommer - als die Welt noch in Ordnung war"

Es war Sommer, ich mag etwa 10 Jahre alt gewesen sein, als zwei Männer den kleinen Fließ, der an unserem Haus vorbeiführte von Unrat reinigten und Schlamm entfernten.

Zu dieser Zeit war ich ständig mit Mario, einen Jungen aus der Nachbarschaft, unterwegs.
Mario war etwa ein Jahr älter als ich.

Wir besuchten die beiden Männer, die sich dann jedes Mal, wenn wir kamen, ins Gras setzten, Pause machten und etwas aßen.
Einer von ihnen hieß Werner. Er erzählte uns, dass sie den Auftrag von der Gemeinde hätten.
Werner war ein guter Geschichtenerzähler, wir hörten ihm gerne zu.
Der andere Mann war sehr ruhig und trat kaum in Erscheinung.

Jeden Tag kamen sie mit ihrer Arbeit einige Meter voran. Mario und ich gingen jeden Tag dort hin und unterhielten uns mit Werner.

Ich denke, das Besondere an Werner war, dass er mit uns nicht wie mit Kindern, sondern eher wie mit Erwachsenen sprach. Er war wahrhaftig.

An einem Tag erzählte Werner, dass er und seine Frau gerne Kinder gehabt hätten, die Ehe sei aber kinderlos geblieben. Am liebsten hätten sie ein Mädchen gehabt, dabei sah er mich an und meinte: „So eines wie dich."
Mir tat das sehr leid für die beiden, zumal ich dachte, dass Werner sicher ein guter Vater gewesen wäre.

Es mögen drei oder vier Tage gewesen sein, dann waren die Männer aus unserem Blickfeld verschwunden.

Ein bis zwei Jahre später kriselte die Ehe meiner Eltern. Ich war 12 Jahre alt, als sie sich scheiden ließen. Ich lebte bei meiner Mutter, mein Vater zog zu seiner neuen Frau.

Einmal fragte mich meine Mutter, ob ich mich schuldig fühlen würde, dass mein Vater die Familie verlassen hat.

Nein, ich fühlte mich nicht schuldig.

Dennoch war das der erste große Verlust in meinem Leben.

Mein Vater pflegte keinen Kontakt zu mir, obwohl meine Mutter das zugelassen hätte.

Ich fühlte mich ungewollt.

Da ich sensibel war, sackte ich leistungsmäßig stark ab in der Schule.

Meine Mutter musste ganztägig arbeiten und litt selbst unter der Trennung, so dass sie mich diesbezüglich nicht unterstützen konnte.

Der Mutter einer Schulfreundin, die mir Nachhilfe gab, verdanke ich es, dass ich mich wieder aufrappelte und stabilisierte.

Als ich in der 10. Klasse war, fuhr ich hin und wieder gemeinsam mit meiner Mutter in die Stadt zum Einkaufen.

Manchmal sahen wir Werner am Busbahnhof auf einer Bank sitzen, seine Hände gestützt auf einen Gehstock, die Menschen beim Kommen und Gehen beobachtend.

Er war inzwischen Rentner.

Ich sagte dann jedes Mal: „Schau mal, da sitzt ja Werner."
Wir grüßten freundlich und er grüßte ebenfalls mit einem Kopfnicken, dabei schmunzelte er.
Das waren die letzten Male, dass ich Werner gesehen habe.

Meinem Vater habe ich bereits vor vielen Jahren vergeben.
ES REIST SICH BESSER MIT LEICHTEM GEPÄCK.

Was mich deine Krankheit gelehrt hat

Ich sah eine Blume verkehrt herum in einer Wasserkaraffe.* Es sah schön aus - anders - aber schön.
Die Dinge aus einer anderen Perspektive zu betrachten, das hat mich deine Krankheit gelehrt.

Einen Menschen *bedingungslos zu lieben,* ihn so anzunehmen wie er ist und nicht wie er meiner Meinung nach sein sollte, das hat mich deine Krankheit gelehrt.

Nach kreativen Lösungen zu suchen und flexibel zu sein, weil was gestern oder vor fünf Minuten noch galt, nun hinfällig ist, das hat mich deine Krankheit gelehrt.

Dass wir die Rollen tauschten und du zu meinem Kind wurdest und ich zu deiner Mutter, *dass es mir gefiel für dich zu sorgen,* dir Nähe und Zuwendung zu geben, *dass es wichtiger ist, Zeit mit seinen Lieben zu verbringen,* als die Karriere zu verfolgen, um größtenteils unnütze Dinge anzuhäufen, das lehrte mich deine Krankheit.

Wir lachten, sangen und tanzten miteinander, manchmal tröstete ich dich.

Und wenn du wütend wurdest, was selten vorkam, wusste ich, das bist nicht du.

Das Morgen war nicht von Belang.

Im Moment zu leben und zu vergeben, das lehrte mich deine Krankheit.

Um nicht selbst auszubrennen oder unter der Belastung zusammenzubrechen, nahm ich stundenweise Betreuungsangebote in Anspruch.

Um Hilfe zu bitten, das lehrte mich deine Krankheit.

Ich bin dankbar für die Zeit, die wir miteinander hatten, dankbar für die Gnade, dass es kein „plötzlich und unerwartet" gab, sondern einen allmählichen Abschied.

Dankbarkeit, das lehrte mich deine Alzheimer-Demenz.

UND DIE LIEBE BLEIBT.

---

* *Eine Blume verkehrt herum in einer Wasserkaraffe ist das Erkennungssymbol der ALZHEIMER ANGEHÖRIGEN INITIATIVE e V.*

Anmerkung der Autorin:

Meine Mutter verstarb 2017 in ihrer Wohnung, in ihrem Bett, friedlich. Ich habe sie begleitet.

Während der Gesundheitskrise musste ich häufig an die pflegenden Angehörigen denken und auch an jene, die von Berufs wegen in dieser Branche tätig waren, nun war alles noch schwerer. Dass sich viele nicht von ihren Lieben verabschieden konnten, mag ich mir persönlich gar nicht vorstellen.

Ich sehe dich
(Nachricht an meine Dualseele)

Wenn ich in deine hübschen Augen sehe, scheint sich der Raum zu weiten, als blickte ich direkt ins Universum.

Es fühlt sich vertraut an, wie ein NACH-HAUSE-KOMMEN und da ist ein Wissen, dass wir gemeinsam durch die Jahrtausende gereist sind.

Vielleicht weiß Atlantis ein Lied von uns zu singen.

Alte Seelen - wie wir - haben noch eine Ahnung vom Paradies auf Erden, bevor die Hochkulturen zusammenbrachen.

ICH SEHE DICH - so wie Gott dich gemeint hat!

Ich weine nicht

Ich weine nicht um die alte Welt, die da liegt im Sterben.

Sie kann mir nichts mehr geben, was mich nähren und begeistern könnte.
Das Getöse der Welt um mich herum mit ihren Ablenkungen und Verdrehungen erreicht mich längst nicht mehr.

Mein Herz und meine Seele sind schon fort.
Ein wenig Wehmut ergreift mich doch.
Was ist mit dir mein Schatz?
Werden wir uns wiedersehen?

Bis bald, so hoffe ich, auf der NEUEN ERDE, in der 5. Dimension, im Christusbewusstsein.

*„Was du **in dir** heilst, heilst du in der Welt.“*

Jeanne Ruland

Danksagung

Zunächst möchte ich mich bei allen herzlich bedanken, die an mich und dieses Buch-Projekt geglaubt haben.

Mein Dank geht ebenfalls an die Mitarbeiterinnen und Mitarbeiter des Verlages *BoD · Book on Demand* für deren tatkräftige Unterstützung.

Besonderer Dank geht an *Vicente Andreo Garcia* (Kanalbetreiber „Far Beyond TwinFlame TV" auf YouTube), nach meiner Meinung einer der besten „Dualseelenflüsterer" im deutschsprachigen Raum.

Das „Durchbruchseminar für Dualseelen" hat seinen Namen zu Recht verdient, gab es mir doch den letzten kleinen Anstoß in puncto Berufung, den ich brauchte.

Besonders interessant fand ich die „Aufstellungen von Dualseelen" (ähnlich Familienaufstellungen, ohne Anwesenheit des Duals).

An die anderen Teilnehmerinnen des Seminars *Ana-Maria, Ruth und Elisabeth*:

Ihr seid wundervoll. Lasst euch von niemandem etwas Anderes einreden.

HERZLICHEN DANK!

Literaturempfehlungen der Autorin

1. Khalil Gibran:
„Der Prophet"
Ein Klassiker der Weltliteratur für alle,
die Poesie und Philosophie lieben.

2. Paulo Coelho:
„Handbuch eines Kriegers des Lichts"
Die gleichnishaften Texte sind wunderschön
und erwärmen das Herz.

3. Eckart Tolle:
*„Eine neue Erde - Bewusstseinssprung
anstelle Selbstzerstörung"*
Ein Werkzeug der Transformation
(inklusive Konzepte und Wegweiser).

4. James Redfield:
„Die Prophezeiungen von Celestine"
Das Kultbuch der Zeitenwende
wurde in Form eines Abenteuerromans geschrieben.